Impressum
Verlag: BABADADA GmbH, Nedderfeld 112 , 22529 Hamburg
Geschäftsführer / Verlagsleitung: Harald Hof
Druck: Books on Demand GmbH, In de Tarpen 42, 22848 Norderstedt

Imprint
Publisher: BABADADA GmbH, Nedderfeld 112 , 22529 Hamburg, Germany
Managing Director / Publishing direction: Harald Hof
Print: Books on Demand GmbH, In de Tarpen 42, 22848 Norderstedt, Germany

школа
l'école

діли́ти
diviser

186/2

дошка
le tableau noir

класна кімната
la salle de classe

шкільний двір
la cour de récréation

вчитель
l'enseignant

папір
le papier

ручка
le stylo

писати
écrire

письмовий стіл
le bureau

лінійка
la règle

книга
le livre

учень
l'élève

ранець
le sac d'école

пенал
la trousse

олівець
le crayon

точило
le taille-crayon

гумка
la gomme

альбом для малювання
le carnet à dessin

малюнок

le dessin

пензель

le pinceau

коробка фарб

la boîte de peinture

ножиці

les ciseaux

клей

la colle

зошит

le cahier d'exercices

домашнє завдання

les tâches

число

le chiffre

додавати

additionner

віднімати

soustraire

множити

multiplier

рахувати

calculer

літера

la lettre

абетка

l'alphabet

слово

le mot

текст

le texte

читати

lire

крейда

la craie

година

la leçon

класний журнал

le livre de classe

екзамен

l'examen

диплом

le certificat

шкільна форма

l'uniforme scolaire

освіта

la formation

лексикон

le lexique

університет

l'université

мікроскоп

le microscope

карта

la carte

кошик для паперу

la corbeille à papier

готель
l'hôtel

турбаза
l'auberge

обмінний пункт
le bureau de change

валіза
la valise

автомобіль
la voiture

мова
la langue

так / ні
oui / non

добре
d'accord

привіт
Salut

перекладач
l'interprète

дякую
merci

Скільки коштує ...?

Combien coûte...?

Я не розумію

Je ne comprends pas

проблема

le problème

Добрий вечір!

Bonsoir!

Доброго ранку!

Bonjour!

На добраніч!

Bonne nuit!

До побачення

Au revoir

напрямок

la direction

багаж

les bagages

сумка

le sac

рюкзак

le sac-à-dos

гість

l'hôte

кімната

la pièce

спальний мішок

le sac de couchage

намет

la tente

туристична інформація

l'office de tourisme

пляж

la plage

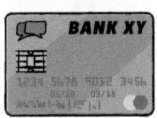

кредитна картка

la carte de crédit

сніданок

le petit-déjeuner

обід

le déjeuner

вечеря

le dîner

квиток

le billet

ліфт

l'ascenseur

поштова марка

le timbre

межа

la frontière

митниця

la douane

посольство

l'ambassade

віза

le visa

паспорт

le passeport

подорож - le voyage

транспорт
le transport

літак
l'avion

корабель
le navire

пожежна машина
le véhicule de pompiers

автобус
le bus

вантажний автомобіль
le camion

моторний човен
bateau à moteur

автомобіль
la voiture

велосипед
la bicyclette

пором

le ferry

човен

la barque

мотоцикл

la moto

поліцейська машина

la voiture de police

гоночний автомобіль

la voiture de course

автомобіль на прокат

la voiture de location

льне користування авто

l'autopartage

евакуатор

la dépanneuse

сміттєвоз

la benne à ordures

двигун

le moteur

паливо

l'essence

автозаправна станція

la station d'essence

дорожній знак

le panneau indicateur

рух

le trafic

затор

l'embouteillage

стоянка

le parking

вокзал

la gare

рейки

les rails

потяг

le train

трамвай

le tram

вагон

le wagon

гелікоптер

l'hélicoptère

аеропорт

l'aéroport

вежа

la tour

пасажир

le passager

контейнер

le container

коробка

le carton

візок

le chariot

кошик

la corbeille

стартувати / приземлятися

décoller / atterrir

місто

la ville

село

le village

центр міста

le centre-ville

дім

la maison

кіно
le cinéma

реклама
la publicité

вуличний ліхтар
le réverbère

вулиця
la rue

таксі
le taxi

кіоск
le kiosque

пішохід
le piéton

тротуар
le trottoir

пішохідний перехід
le passage piéton

сміттєве відро
la poubelle

перехрестя
le carrefour

світлофор
les feux de circulation

хатина

la cabane

квартира

l'appartement

вокзал

la gare

ратуша

la mairie

музей

le musée

школа

l'école

університет

l'université

банк

la banque

лікарня

l'hôpital

готель

l'hôtel

аптека

la pharmacie

офіс

le bureau

книжковий магазин

la librairie

магазин

le magasin

квітковий магазин

le fleuriste

супермаркет

le supermarché

ринок

le marché

універмаг

le grand magasin

торговець рибою

la poissonnerie

торговельний центр

le centre commercial

гавань

le port

парк

le parc

лава

la banque

міст

le pont

сходи

les escaliers

метро

le métro

тунель

le tunnel

автобусна зупинка

l'arrêt de bus

бар

le bar

ресторан

le restaurant

поштова скринька

la boîte à lettres

вулична табличка

le panneau indicateur

лічильник паркування

le parcomètre

зоопарк

le zoo

басейн

le réverbère

мечеть

la mosquée

місто - la ville

ферма

la ferme

забруднення
навколишнього
середовища
la pollution

кладовище

le cimetière

церква

l'église

дитячий майданчик

l'aire de jeux

храм

le temple

ландшафт

le paysage

листок
la feuille

вказівний стовп
le panneau indicateur

шлях
le chemin

лук
le pré

камінь
la pierre

мандрівник
le randonneur

дерево
l'arbre

річка
la rivière

трава
l'herbe

квітка
la fleur

долина

la vallée

гора

la montagne

озеро

le lac

ліс

la forêt

пустеля

le désert

вулкан

le volcan

замок

le château

веселка

l'arc-en-ciel

гриб

le champignon

пальма

le palmier

комар

le moustique

муха

la mouche

мурашка

les fourmis

бджола

l'abeille

павук

l'araignée

ландшафт - le paysage

жук

le scarabée

жаба

la grenouille

вивірка

l'écureuil

їжак

le hérisson

заєць

le lapin

сова

la chouette

птах

l'oiseau

лебідь

le cygne

кабан

le sanglier

олень

le cerf

лось

l'élan

гребля

le barrage

вітряк

l'éolienne

сонячний модуль

le panneau solaire

клімат

le climat

офіціант
le serveur

меню
le menu

стілець
la chaise

суп
la soupe

піца
la pizza

столові прилади
les services

скатертина
la nappe

закуска

les hors d'œuvre

друга страва

le plat principal

десерт

le dessert

напої

les boissons

їжа

l'alimentation

пляшка

la bouteille

фаст-фуд

le fast-food

вулична їжа

les plats à emporter

чайник

la théière

цукорниця

le sucrier

порція

la portion

еспресо-машина

la machine à expresso

високий стільчик

la chaise haute

рахунок

la facture

піднос

le plateau

ніж

le couteau

вилка

la fourchette

ложка

la cuillère

чайна ложка

la cuillère à thé

серветка

la serviette

склянка

le verre

тарілка

l'assiette

тарілка для супу

l'assiette à soupe

блюдце

la soucoupe

соус

la sauce

солонка

la salière

млин для перцю

le moulin à poivre

оцет

le vinaigre

масло

l'huile

спеції

les épices

кетчуп

le ketchup

гірчиця

la moutarde

майонез

la mayonnaise

пропозиція
l'offre promotionnelle

клієнт
le client

молочні продукти
les produits laitiers

фрукти
les fruits

візок для покупок
le caddie

м'ясний магазин

la boucherie

пекарня

la boulangerie

зважувати

peser

овочі

les légumes

м'ясо

la viande

заморожені продукти

les aliments surgelés

ковбасна нарізка

la charcuterie

консерви

les conserves

пральний порошок

la poudre à lessive

солодощі

les bonbons

предмети домашнього побуту

les articles ménagers

мийний засіб

les détergents

продавщиця

la vendeuse

каса

la caisse

касир

le caissier

список покупок

la liste d'achats

часи роботи

les heures d'ouverture

гаманець

le portefeuille

кредитна картка

la carte de crédit

сумка

le sac

поліетиленовий пакет

le sac en plastique

вода

l'eau

сік

le jus de fruit

молоко

le lait

кола

le coca

вино

le vin

пиво

la bière

алкоголь

l'alcool

какао

le chocolat chaud

чай

le thé

кава

le café

еспресо

l'expresso

капучіно

le cappuccino

банан

la banane

яблуко

la pomme

апельсин

l'orange

кавун

le melon

лимон

le citron

морква

la carotte

часник

l'ail

бамбук

le bambou

цибуля

l'oignon

гриб

le champignon

горішки

les noisettes

локшина

les pâtes

спагеті

les spaghettis

рис

le riz

салат

la salade

картопля фрі

les frites

смажена картопля

les pommes de terre rôties

піца

la pizza

гамбургер

le hamburger

бутерброд

le sandwich

шніцель

l'escalope

шинка

le jambon

салямі

le salami

ковбаса

la saucisse

курка

le poulet

печеня

le rôti

риба

le poisson

вівсяні пластівці

les flocons d'avoine

мюслі

le muesli

кукурудзяні пластівці

les cornflakes

борошно

la farine

круасан

le croissant

булочка

les petits-pains

хліб

le pain

тостовий хліб

le pain grillé

печиво

les biscuits

масло

le beurre

сир

le fromage blanc

пиріг

le gâteau

яйце

l'œuf

яєчня

l'œuf au plat

сир

le fromage

морозиво

la glace

цукор

le sucre

мед

le miel

мармелад

la confiture

нуга-крем

la crème nougat

карі

le curry

сільський будинок
la ferme

комора
la grange

солом'яні тюки
la botte de paille

поле
le champ

кінь
le cheval

причіп
la remorque

лоша
le poulain

трактор
le tracteur

віслюк
l'âne

ягня
l'agneau

вівця
le mouton

коза

la chèvre

корова

la vache

теля

le veau

свиня

le porc

порося

le porcelet

бик

le taureau

гусак

l'oie

качка

le canard

курча

le poussin

курка

la poule

півень

le coq

щур

le rat

кіт

le chat

миша

la souris

віл

le bœuf

собака

le chien

собача будка

le chenil

садовий шланг

le tuyau de jardin

лійка

l'arrosoir

коса

la faucheuse

плуг

la charrue

серп
la faucille

мотика
la pioche

вила
la fourche

сокира
la hache

тачка
la brouette

корито
la cuve

бідон молока
le pot à lait

мішок
le sac

паркан
la clôture

хлів
l'étable

теплиця
la serre

ґрунт
le sol

насіння
les semences

добриво
l'engrais

комбайн
la moissonneuse-batteuse

пожинати

récolter

урожай

la récolte

корінь ямсу

l'igname

пшениця

le blé

соя

le soja

картопля

la pomme de terre

кукурудза

le maïs

ріпак

le colza

плодове дерево

l'arbre fruitier

маніок

le manioc

злаки

les céréales

димохід
la cheminée

дах
le toit

водостічний лоток
la gouttière

вікно
la fenêtre

гараж
le garage

дзвінок
la sonnette

двері
la porte

відро для сміття
la poubelle

поштова скринька
la boîte aux lettres

сад
le jardin

вітальня
le salon

ванна кімната
la chambre de bain

кухня
la cuisine

спальня
la chambre à coucher

дитяча кімната
la chambre d'enfant

їдальня
la salle à manger

підлога

le sol

стіна

le mur

стеля

le plafond

підвал

la cave

сауна

le sauna

балкон

le balcon

тераса

la terrasse

басейн

la piscine

косарка

la tondeuse à gazon

простирало

la fourre de duvet

ковдра

la couette

ліжко

le lit

мітла

le balai

відро

le sceau

перемикач

l'interrupteur

шпалери
le papier peint

малюнок
l'image

лампа
la lampe

поличка
l'étagère

шафа
l'armoire

телевізор
la télé

камін
la cheminée

квітка
la fleur

подушка
le coussin

ваза
le vase

диван
le canapé

пульт
la télécommande

килим

le tapis

завіса

le rideau

стіл

la table

стілець

la chaise

крісло-гойдалка

la chaise à bascule

крісло

le fauteuil

книга

le livre

ковдра

la couverture

прикраса

la décoration

дрова

le bois de chauffage

фільм

le film

стереосистема

la chaîne hi-fi

ключ

la clé

газета

le journal

картина

la peinture

плакат

le poster

радіо

la radio

блокнот

le bloc-notes

пилосос

l'aspirateur

кактус

le cactus

свічка

la bougie

холодильник
le frigo

мікрохвильова піч
le four à micro-ondes

кухонні ваги
la balance de cuisine

тостер
le toasteur

мийний засіб
le détergent

піч
le four

морозильне відділення
le compartiment congélateur

відро для сміття
la poubelle

посудомийна машина
le lave-vaisselle

плита
le four

горщик
la casserole

чавунний горщик
la marmite

вок / кадай
le wok/kadai

сковорода
la poêle

чайник
la bouilloire électrique

пароварка

le cuiseur vapeur

лист

la plaque de cuisson

посуд

la vaisselle

кухоль

le gobelet

чаша

le bol

палички для їжі

les baguettes

черпак

la louche

лопатка

la spatule

вінчик для збивання

le fouet

сито

la passoire

сито

le tamis

терка

la râpe

ступка

le mortier

барбекю

le barbecue

багаття

la cheminée

дошка

la planche à découper

качалка

le rouleau à pâtisserie

штопор

le tire-bouchon

конзерва

la boîte

відкривачка

l'ouvre-boîte

прихватки

les maniques

раковина

le lavabo

щітка

la brosse

губка

l'éponge

міксер

le mixeur

морозильна камера

le congélateur

дитяча пляшка

le biberon

кран

le robinet

кухня - la cuisine

опалення
le chauffage

душ
la douche

рушник
la serviette

душова завіса
le rideau de douche

пініста ванна
le bain moussant

ванна
la baignoire

склянка
le verre

пральна машина
la machine à laver

кран
le robinet

плитка
le carrelage

горшок
le pot

раковина
le lavabo

туалет

les toilettes

підлоговий туалет

la toilette à la turque

біде

le bidet

пісуар

l'urinoir

туалетний папір

le papier toilette

щітка для туалету

la brosse à toilette

зубна щітка

la brosse à dents

зубна паста

le dentifrice

нитка для чищення зубів

le fil dentaire

мити

laver

ручний душ

la douche manuelle

інтимний душ

la douche intime

таз

la vasque

щітка для спини

la brosse dorsale

мило

le savon

гель для душу

le gel douche

шампунь

le shampooing

мочалка

le gant de toilette

водостік

l'écoulement

крем

la crème

дезодорант

le déodorant

дзеркало

le miroir

косметичне дзеркало

le miroir cosmétique

бритва

le rasoir

піна для гоління

la mousse à raser

лосьйон після гоління

l'après-rasage

гребінь

la peigne

щітка

la brosse

фен

le sèche-cheveux

лак для волосся

la laque pour cheveux

косметика

le fond de teint

губна помада

le rouge à lèvres

лак для нігтів

le vernis à ongles

вата

l'ouate

ножиці для нігтів

le coupe-ongles

парфум

le parfum

косметичка

la trousse de toilette

табурет

le tabouret

ваги

la balance

халат

le peignoir

гумові рукавички

les gants de nettoyage

тампон

le tampon

гігієнічні прокладки

es serviettes hygiéniques

біотуалет

la toilette chimique

будильник
le réveil

м'яка іграшка
le doudou

іграшковий автомобіль
la voiture jouet

брязкальце
le hochet

ляльковий будиночок
la maison de poupée

подарунок
le cadeau

повітряна кулька

le ballon

ліжко

le lit

дитячий візок

la poussette

картярська гра

le jeu de cartes

пазл

le puzzle

комікс

la bande dessinée

лего цеглинки

les pièces lego

блоки

les blocs de construction

іграшкова фігурка

la figurine

повзунки

la grenouillère

фризбі

le frisbee

мобіле

le mobile

настільна гра

le jeu de société

кубик

le dé

модель залізнична станція

le train miniature

соска

la sucette

вечірка

la fête

книжка з картинками

le livre d'images

м'яч

la balle

лялька

la poupée

грати

jouer

пісочниця

le bac à sable

гойдалка

la balançoire

іграшка

les jouets

гральна консоль

la console de jeu

триколісний велосипед

le tricycle

плюшевий мішка

l'ours en peluche

шафа

l'armoire

одяг

les vêtements

шкарпетки

les chaussettes

панчохи

les bas

колготки

le collant

шарф
l'écharpe

парасоля
le parapluie

футболка
le t-shirt

ремінь
la ceinture

чоботи
les bottes

домашнє взуття
les pantoufles

кросівки
les baskets

сандалі
les sandales

труси
le linge de corps

взуття
les chaussures

бюстгальтер
le soutien-gorge

гумові чоботи
les bottes de caoutchouc

нижня сорочка
le maillot de corps

боді

le body

штани

le pantalon

джинси

le jean

спідниця

la jupe

блузка

le chemisier

сорочка

la chemise

пуловер

le pull

светр

le pull-over à capuche

піджак

la veste

куртка

la veste

пальто

le manteau

дощовик

l'imperméable

костюм

le costume

сукня

la robe

весільна сукня

la robe de mariée

костюм

le costume

нічна сорочка

la chemise de nuit

піжама

le pyjama

сарі

le sari

головна хустка

le foulard

чалма

le turban

бурка

la burqa

кафтан

le caftan

абая

l'abaya

купальник

le maillot de bain

плавки

le costume de bain

шорти

les cuissettes

тренувальний костюм

la tenue d'entraînement

фартух

le tablier

рукавички

les gants

гудзик

le bouton

окуляри

les lunettes

браслет

le bracelet

ланцюг

le collier

кільце

la bague

сережка

la boucle d'oreille

шапка

le bonnet

плічка

le cintre

капелюх

le chapeau

краватка

la cravate

застібка-блискавка

la fermeture éclair

шолом

le casque

підтяжки

les bretelles

шкільна форма

l'uniforme scolaire

уніформа

l'uniforme

нагрудник

le bavoir

соска

la sucette

підгузок

la couche

офіс

le bureau

сервер
le serveur

шаф для документів
l'armoire d'archivage

принтер
l'imprimante

монітор
l'écran

папір
le papier

миша
la souris

письмовий стіл
le bureau

папка
le classeur

синтезатор
le clavier

кошик для паперу
la corbeille à papier

стілець
la chaise

комп'ютер
l'ordinateur

кавовий кухоль

la tasse à café

калькулятор

la calculatrice

інтернет

l'internet

ноутбук

l'ordinateur portable

лист

la lettre

повідомлення

le message

мобільний телефон

le portable

мережа

le réseau

копіювальний пристрій

la photocopieuse

програмне забезпечення

le logiciel

телефон

le téléphone

розетка

la prise

факс

le fax

бланк

le formulaire

документ

le document

купувати

acheter

платити

payer

торгувати

marchander

гроші

la monnaie

долар

le dollar

євро

l'euro

ієна

le yen

рубль

le rouble

франк

le franc suisse

юанів женьміньбі

le renminbi yuan

рупія

la roupie

банкомат

le distributeur automatique

обмінний пункт

le bureau de change

золото

l'or

срібло

l'argent

нафта

le pétrole

енергія

l'énergie

ціна

le prix

контракт

le contrat

податок

la taxe

акція

l'action

працювати

travailler

працівник

l'employé

роботодавець

l'employeur

фабрика

l'usine

магазин

le magasin

поліцейський
l'agent de police

пожежник
le pompier

повар
le cuisinier

лікар
le médecin

пілот
le pilote

садівник

le jardinier

столяр

le menuisier

швачка

la couturière

суддя

le juge

хімік

le chimiste

актор

l'acteur

водій автобуса

le conducteur de bus

таксист

le chauffeur de taxi

рибалка

le pêcheur

прибиральниця

la femme de ménage

покрівельник

le couvreur

офіціант

le serveur

мисливець

le chasseur

художник

le peintre

пекар

le boulanger

електрик

l'électricien

будівельник

l'ouvrier

інженер

l'ingénieur

забійник

le boucher

бляхар

le plombier

листоноша

le facteur

солдат

le soldat

архітектор

l'architecte

касир

le caissier

флорист

le fleuriste

перукар

le coiffeur

кондуктор

le contrôleur

механік

le mécanicien

капітан

le capitaine

дантист

le dentiste

вчений

le scientifique

рабин

le rabbin

імам

l'imam

монах

le moine

пастор

le prêtre

щипці
les pinces

молоток
le marteau

викрутка
le tournevis

кишеньковий
la torche

гайковий ключ
la clé

екскаватор

la pelleteuse

ящик для інструментів

la boîte à outils

драбина

l'échelle

пилка

la scie

цвяхи

les clous

свердло

la perceuse

ремонтувати

réparer

лопата

la pelle

лайно!

Mince!

совок

la pelle

відро з фарбою

le pot de peinture

гвинти

les vis

музичні інструменти
les instruments de musique

динамік
le haut-parleur

ударна установка
la batterie

гітара
la guitare

контрабас
la contrebasse

труба
la trompette

фортепіано

le piano

скрипка

le violon

бас

la basse

литаври

les timbales

барабан

le tambour

клавіатура

le piano électrique

саксофон

le saxophone

флейта

la flûte

мікрофон

le microphone

тигр
le tigre

вхід
l'entrée

клітка
la cage

зебра
le zèbre

корм
l'alimentation animale

панда
le panda

тварини

les animaux

слон

l'éléphant

кенгуру

le kangourou

носоріг

le rhinocéros

горила

le gorille

ведмідь

l'ours

верблюд

le chameau

страус

l'autruche

лев

le lion

мавпа

le singe

фламінго

le flamand rose

папуга

le perroquet

білий ведмідь

l'ours polaire

пінгвін

le pingouin

акула

le requin

павич

le paon

змія

le serpent

крокодил

le crocodile

працівник зоопарку

le gardien de zoo

тюлень

le phoque

ягуар

le jaguar

поні

le poney

леопард

le léopard

гіпопотам

l'hippopotame

жираф

la girafe

орел

l'aigle

кабан

le sanglier

риба

le poisson

черепаха

la tortue

морж

le morse

лисиця

le renard

газель

la gazelle

зоопарк - le zoo

американський футбол
l'american Football

їзда на велосипеді
le cyclisme

теніс
le tennis

баскетбол
le basket-ball

плавання
la natation

бокс
la boxe

хокей
le hockey sur glace

футбол
le football

бадмінтон
le badminton

легка атлетика
l'athlétisme

гандбол
le handball

лижні перегони
le ski

поло
le polo

стрибати
sauter

обіймати
embrasser

сміятися
rire

йти
marcher

співати
chanter

мріяти
rêver

молитися
prier

цілувати
faire la bise

писати

écrire

малювати

dessiner

показувати

montrer

тиснути

pousser

давати

donner

брати

prendre

мати
avoir

робити
faire

бути
être

стояти
être debout

бігати
courir

тягнути
trier

кидати
jeter

падати
tomber

лежати
être couché

очікувати
attendre

носити
porter

сидіти
être assis

одягати
s'habiller

спати
dormir

просипатися
se réveiller

дивитися

regarder

плакати

pleurer

гладити

caresser

розчісувати

peigner

розмовляти

parler

розуміти

comprendre

питати

demander

слухати

écouter

пити

boire

їсти

manger

прибирати

ranger

любити

aimer

варити

cuire

їхати

conduire

літати

voler

дії - les activités

йти під вітрилом

faire de la voile

рахувати

calculer

читати

lire

вчитися

apprendre

працювати

travailler

одружуватися

se marier

шити

coudre

чистити зуби

se brosser les dents

убивати

tuer

курити

fumer

посилати

envoyer

бу́ся
grand-mère

ді́дуся
le grand-père

ба́тько
le père

ма́ти
la mère

немовля́
le bébé

до́нька
la fille

син
le fils

гість

l'hôte

тітка

la tante

дя́дько

l'oncle

брат

le frère

сестра

la sœur

чоло
le front

око
l'œil

плече
l'épaule

палець
le doigt

обличчя
le visage

підборіддя
le menton

кисть
la main

груди
la poitrine

нога
la jambe

рука
le bras

немовля
le bébé

чоловік
l'homme

жінка
la femme

дівчина
la fille

хлопчик
le garçon

голова
la tête

спина

le dos

живіт

le ventre

пуп

le nombril

палець ноги

l'orteil

п'ята

le talon

кістка

l'os

стегно

la hanche

коліно

le genou

лікоть

le coude

ніс

le nez

сідниці

les fesses

шкіра

la peau

щока

la joue

вухо

l'oreille

губа

la lèvre

тіло - le corps

рот

la bouche

зуб

la dent

язик

la langue

мозок

le cerveau

серце

le cœur

м'яз

le muscle

легені

les poumons

печінка

le foie

шлунок

l'estomac

нирки

les reins

статевий акт

le rapport sexuel

презерватив

le préservatif

яйцеклітина

l'ovule

сперма

le sperme

вагітність

la grossesse

менструація
la menstruation

вагіна
le vagin

пеніс
le pénis

брова
le sourcil

волосся
les cheveux

шия
le cou

лікарня
l'hôpital

машина швидкої допомоги
l'ambulance

інвалідний візок
le fauteuil roulant

перелом
la fracture

лікар

le médecin

відділення швидкої
медичної допомоги
le service des urgences

медсестра

l'infirmière

аварійний випадок

l'urgence

непритомний

inconscient

біль

la douleur

травма

la blessure

кровотеча

l'hémorragie

інфаркт

la crise cardiaque

інсульт

l'attaque cérébrale

алергія

l'allergie

кашель

la toux

лихоманка

la fièvre

грип

la grippe

пронос

la diarrhée

головна біль

le mal de tête

рак

le cancer

діабет

le diabète

хірург

le chirurgien

скальпель

le scalpel

операція

l'opération

КТ

le CT

рентген

la radiographie

ультразвук

l'échographie

маска

le masque

хвороба

la maladie

зал очікування

la salle d'attente

милиця

la béquille

пластир

le pansement

пов'язка

le pansement

ін'єкція

l'injection

стетоскоп

le stéthoscope

ноші

le brancard

термометр

le thermomètre

народження

l'accouchement

надмірна вага

le surpoids

слуховий апарат

l'appareil auditif

дезінфікуючий засіб

le désinfectant

інфекція

l'infection

вірус

le virus

ВІЛ / СНІД

le VIH / le sida

медицина

le médicament

вакцинація

la vaccination

таблетки

les tablettes

протизаплідна пігулка

la pilule

екстрений виклик

l'appel d'urgence

тонометр

le tensiomètre

хворий / здоровий

malade / sain

Допоможіть!	сигнал тривоги	напад
Au secours!	l'alarme	l'agression

атака	небезпека	аварійний вихід
l'attaque	le danger	la sortie de secours

Вогонь!	вогнегасник	аварія
Au feu!	l'extincteur	l'accident

аптечка	СОС	поліція
la trousse de premier secours	SOS	la police

Європа

l'Europe

Північна Америка

l'Amérique du Nord

Південна Америка

l'Amérique du Sud

Африка

l'Afrique

Азія

l'Asie

Австралія

l'Australie

Атлантика

l'Océan atlantique

Тихий океан

l'Océan pacifique

Індійський океан

l'Océan indien

Антарктичний океан

l'Océan antarctique

Північний Льодовитий океан

l'Océan arctique

Північний полюс

le Pôle nord

Південний полюс

le Pôle sud

Антарктика

l'Antarctique

Земля

la terre

суша

le pays

море

la mer

острів

l'île

нація

la nation

держава

l'état

Земля - la terre

циферблат

le cadran

годинникова стрілка

l'aiguille des heures

хвилинна стрілка

l'aiguille des minutes

секундна стрілка

l'aiguille des secondes

Котра година?

Quelle heure est-il?

день

le jour

час

le temps

зараз

maintenant

цифровий годинник

la montre digitale

хвилина

la minute

година

l'heure

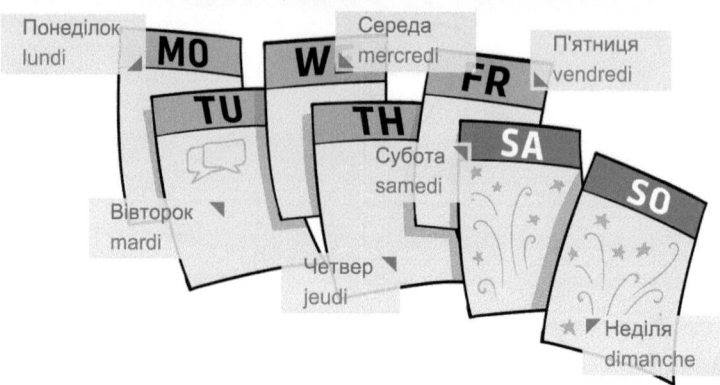

Понеділок
lundi

Середа
mercredi

П'ятниця
vendredi

Вівторок
mardi

Четвер
jeudi

Субота
samedi

Неділя
dimanche

вчора

hier

сьогодні

aujourd'hui

завтра

demain

ранок

le matin

опівдні

le midi

вечір

le soir

робочі дні

les jours ouvrables

кінець робочого тижня

le week-end

веселка
l'arc-en-ciel

дощ
la pluie

сніг
la neige

вітер
le vent

весна
le printemps

осінь
l'automne

літо
l'été

зима
l'hiver

прогноз погоди

la météo

термометр

le thermomètre

сонячне світло

la lumière du soleil

хмара

le nuage

туман

le brouillard

вологість повітря

l'humidité

блискавка

la foudre

грім

le tonnerre

шторм

la tempête

град

la grêle

мусон

la mousson

повінь

l'inondation

лід

la glace

Січень

janvier

Лютий

février

Березень

mars

Квітень

avril

Травень

mai

Червень

juin

Липень

juillet

Серпень

août

Вересень
....
septembre

Жовтень
....
octobre

Листопад
....
novembre

Грудень
....
décembre

форми
les formes

круг
....
le cercle

квадрат
....
le carré

прямокутник
....
le rectangle

трикутник
....
le triangle

куля
....
la sphère

куб
....
le cube

білий

blanc

жовтий

jaune

помаранчевий

orange

рожевий

rose

червоний

rouge

фіолетовий

violet

синій

bleu

зелений

vert

коричневий

marron

сірий

gris

чорний

noir

багато / мало

beaucoup / peu

лютий / мирний

fâché / calme

гарний / бридкий

joli / laid

початок / кінець

le début / la fin

великий / малий

grand / petit

світлий / темний

clair / obscure

брат / сестра

le frère / la sœur

чистий / брудний

propre / sale

завершений /
незавершений
complet / incomplet

день / ніч

le jour / la nuit

мертвий / живий

mort / vivant

широкий / вузький

large / étroit

їстівний / неїстівний

comestible / incomestible

злий / дружній

méchant / gentil

збуджений / нудьгуючий

excité / ennuyé

товстий / тонкий

gros / mince

спочатку / востаннє

le premier / le dernier

друг / ворог

l'ami / l'ennemi

повний / порожній

plein / vide

жорсткий / м'який

dur / souple

важкий / легкий

lourd / léger

голод / спрага

faim / soif

хворий / здоровий

malade / sain

незаконний / законний

illégal / légal

розумний / дурний

intelligent / stupide

вліво / вправо

gauche / droite

поруч / далеко

proche / loin

новий / використаний

nouveau / usé

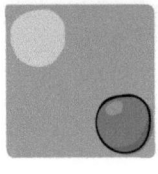

нічого / щось

rien / quelque chose

старий / молодий

vieux / jeune

вкл / викл

marche / arrêt

відкрито / закрито

ouvert / fermé

тихо / гучно

faible / fort

багатий / бідний

riche / pauvre

правильно / неправильно

correct / incorrect

шорсткий / гладкий

rugueux / lisse

сумний / щасливий

triste / heureux

короткий / довгий

court / long

повільно / швидко

lent / rapide

вологий / сухий

mouillé / sec

гарячий / холодний

chaud / froid

війна / мир

la guerre / la paix

протилежності - les oppositions

0

нуль

zéro

1

один

un

2

два

deux

3

три

trois

4

чотири

quatre

5

п'ять

cinq

6

шість

six

7

сім

sept

8

вісім

huit

9

дев'ять

neuf

10

десять

dix

11

одинадцять

onze

12

дванадцять

douze

13

тринадцять

treize

14

чотирнадцять

quatorze

15

п'ятнадцять

quinze

16

шістнадцять

seize

17

сімнадцять

dix-sept

18

вісімнадцять

dix-huit

19

дев'ятнадцять

dix-neuf

20

двадцять

vingt

100

сто

cent

1.000

тисяча

mille

1.000.000

мільйон

le million

числа - les nombres

англійська

l'anglais

американська англійська

l'anglais américain

китайська
високочиновницька

le chinois mandarin

хінді

le hindi

іспанська

l'espagnol

французька

le français

арабська

l'arabe

російська

le russe

португальська

le portugais

бенгальська

le bengali

німецька

l'allemand

японська

le japonais

я
....
je

ти
....
tu

він / вона / воно
....
il / elle

ми
....
nous

ви
....
vous

вони
....
ils / elles

хто?
....
qui?

що?
....
quoi?

як?
....
comment?

де?
....
où?

коли?
....
quand?

ім'я
....
le nom

ззаду

derrière

в

dans

перед

devant

над

au-dessus

на

sur

під

en-dessous

біля

à côté de

між

entre

місце

le lieu